C'EST GRAVE DOCTEUR ?

TOME 2

Éditeur : Stéphane Chabenat
Suivi éditorial : Clotilde Alaguillaume
Conception couverture : MaGwen
Conception maquette : Marion Alfano

Les Éditions **de l'Opportun**
16 rue Dupetit-Touars
75003 PARIS
www.éditionsopportun.com

Docteur Michel Guilbert présente :

C'EST GRAVE DOCTEUR ?

TOME 2

Docteurs Jean-Michel Rouillon,
Pierre-Hugo Nourrisson & Bruno Chartier

Depuis le début de mes études médicales, soit une quarantaine d'années bien sonnées, j'ai dû prendre 201 250 fois la tension, entendu 130 812 250 battements cardiaques dont, par chance, aucun arrêt. J'ai reçu 24 150 coups de téléphone, donné 402 500 poignées de main. J'ai écrit environ 210 000 ordonnances, fait plus de 8 000 vaccins. On m'a posé 24 150 lapins. J'ai sursauté une dizaine de fois à l'apparition d'un piercing de la langue. J'ai respiré tri billions de milliards de bactéries et virus de toutes sortes. Je me suis piqué une dizaine de fois avec des aiguilles. J'ai eu le plaisir d'admirer plus de 3 000 tatouages. J'ai reçu deux lettres d'amour (bouh ! ce n'est pas beaucoup !). Une dizaine de bébés m'a fait pipi dessus, je me suis fait mordre par des chiens deux ou trois fois ; j'ai réparé deux téléviseurs. J'ai eu une vingtaine de fois les larmes aux yeux. En sortant de visite, je me suis retrouvé 50 fois dans le placard à balais, un endroit que je dois aimer particulièrement. Je suis resté coincé plus de 10 fois dans un ascenseur.

Et pourtant, tout ce que je viens de vous énumérer n'est rien en comparaison de l'imagination débridée des patients qui se sont bousculés pour me servir leurs perles de culture tout au long de mes consultations. Hier encore une patiente à qui je demandais si elle dormait bien, me répondit : « la nuit ? », et quand je m'inquiétais de son état dentaire, elle me rassura en me disant qu'elle avait été plombée quatre fois !

Je me disais bien que cette charmante et touchante folie oulipolesque devait se retrouver dans les consultations de « mes cons de frères ». Hé bien ! Au vu des pages qui suivent, le constat est là. Trois olibrius qui ont, ma foi, de bonnes têtes, je dirai même des têtes d'émules, ont su être à l'affût de ces petits ravissements .

Laissez-vous transporter dans cet univers burlesque et poétique, la surprise et le rire sont au rendez-vous.

Dr Michel Guilbert

J'AI ÉTÉ VACCINÉ PAR LE BCBG.

– Docteur, j'ai été opéré d'une hernie discale.
– À quel niveau ?
– Au 3e étage de la clinique.

Docteur, je n'entends pas bien, je dois avoir des bouchons de surimi*.

*cérumen

J'AI DES DOULEURS Á LA PLANCHE DU PIED.

Avec mes allergies, je fais beaucoup de atchoum !!

DOCTEUR, J'AI MON CŒUR QUI PILPATE.

Mon enfant
est toujours enrhumé ;
pourtant, j'ai utilisé
l'aspire-bébé !

JE SUIS ALLÉE VOIR LE KINÉ, CAR J'AVAIS MAL À L'OS DE LA FESSE.

JE ME SUIS FAIT
UNE LUXURE À L'ORTEIL.

Mon fils a été opéré :
pour l'endormir,
il a été gazé.

UNE MAMAN À SON FILS, QUI ESSAIE DE PASSER DERRIÈRE LE BUREAU DU DOCTEUR :

— NE PASSE PAS DERRIÈRE LE COMPTOIR !

Un anesthésiste demande à un malade endormi sous péridurale :
– Vous sentez vos pieds ?
Le malade :
– Oui, mais ça ne me gêne pas.

J'ai mal au tuyau du testicule*.

*épididyme

Pour mes problèmes de dos, j'ai fait des leçons de kiné.

Un petit garçon à qui le médecin désinfecte le doigt :

— POURQUOI TU ME METS DE LA VINAIGRETTE SUR LE DOIGT ?

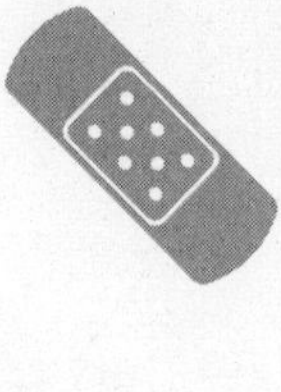

MON MARI VA MIEUX MAIS, LE MATIN, IL EST TOUT RAIDE !!!

Docteur, ne me
prescrivez pas
du DOLIPRANE®,
je préfère
l'EFFERAGLAN.

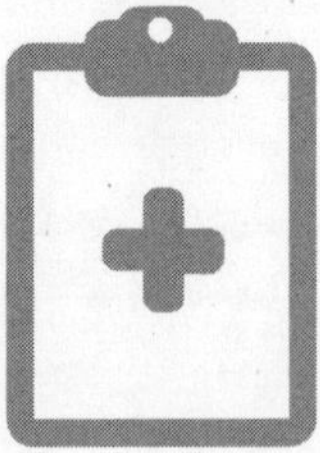

— POUR MES NAUSÉES, VOUS POUVEZ ME PRESCRIRE DU VOLKSWAGEN* ?

*Vogalène®

DOCTEUR, J'AI DES PASMES, IL ME FAUDRAIT DU PASFON.

DOCTEUR, MON FILS, IL EST PAS BIEN ! COMMENT DIRE… IL EST PAS TOP 50.

DOCTEUR, J'AI UN PROBLÈME À L'ŒSOPHAGE, JE DOIS ALLER VOIR UN GASTRO-ANTHROPOLOGUE.

JE FAIS LE RÉGIME, J'AI UNE VIE D'AZTÈQUE.

– Monsieur, votre femme a une mycose vaginale.
– Alors, docteur, il faut lui mettre des OGIVES ?

Aux urgences, un malade sur un brancard :
– Docteur, je vais pas bien, il faut me mettre des neurones dans la perf.

— Docteur, mon oncle est entre la vie et la mort, il est arrivé à l'hôpital dans le service de déstockage.
— Au déchoquage ?
— Non, non, au déstockage !

— DOCTEUR, JE TANGUE
— VOUS AVEZ DES VERTIGES ?
— OUI, JE TANGUE TELLEMENT QUE J'AI FAILLI TONGUER !

UNE DAME EN CONSULTATION :
— DOCTEUR, LE KINÉ M'A DIT QUE J'AVAIS UN PROBLÈME AU SCROTUM !

Dites, docteur, pour les problèmes de circulation des jambes de ma femme, il faudrait qu'elle voie un veinérologue.

DOCTEUR,
CE MATIN, J'AI PRIS
DU SOLUPRED®,
DU 20 DEGRÉS.

MON MARI PREND UNE QUANTITÉ GASTRONOMIQUE DE MÉDICAMENTS !

JE VAIS CHEZ LE KINÉ, IL ME FAIT TRAVAILLER LES DOMINOS.

DOCTEUR,
POUR MON DOS,
JE SUIS ALLÉ
VOIR LE
LOMBALOGUE.

UN PATIENT EN CONSULTATION APRÈS UNE ARTHROSCOPIE DU GENOU :
– DOCTEUR, JE VIENS DE ME FAIRE VIDANGER LE GENOU ET ÇA VA MIEUX.

Un patient qui vient consulter
pour une hernie :

– Docteur, je viens vous voir
parce que j'ai une troisième
couille à gauche.

Devant l'étonnement
du médecin, il répond :

– On peut le dire, j'ai vérifié,
c'est dans le dictionnaire.

DOCTEUR, PRESCRIVEZ-MOI DU VOLTARÈNE® EN CHPIT.

Le lendemain du réveillon,
un patient se plaint :

— J'AI MAL À LA TÊTE, J'AI LA TÊTE FARCIE.

DOCTEUR,
MON PROBLÈME
EST TROP
COMPLIQUÉ,
IL FAUT ME
PRENDRE
RENDEZ-VOUS
AU CHU AVEC
UN PROFESSEUR
ABRÉGÉ.

LE MÉDECIN À UNE PATIENTE RUSSE :

– Madame, vous nettoyez bien et appliquez bien le traitement sur vos ongles de pied ?

– Oui, oui, je nettoie mes ongles tous les soirs à la vodka.

J'AI UNE HERNIE LABIALE.

— Docteur, ma fille a eu de la fièvre.
— Beaucoup ?
— Je ne lui ai pas prise, mais elle a au moins 39°.

Pour la prostate, vous me faites une prise de sang ! Jamais on me mettra un doigt dans le cul, ou alors quand je serai en prison !

Je suis content, le gastro-entérologue a réussi à me cotiser* mes hémorroïdes.

*cautériser

On m'a fait passer une ULM*.

* une IRM

ON M'A OPÉRÉ DE L'ANNUAIRE GAUCHE.

UN ENFANT AU MÉDECIN :
– J'AI EU UNE OTITE BILATÉRALE... ET EN PLUS DES DEUX CÔTÉS !

JE SUIS UN FUMEUR INVERTÉBRÉ !

J'AI UNE EXTENSION VOCALE.

UN PETIT GARÇON DE 8 ANS :
— J'AI DES BOUTONS D'HERMÈS.

— VOUS AVEZ DE LA FIÈVRE ?
— JE CROIS...
— OUI OU NON ?
— J'AI 39, MAIS JE NE SUIS PAS CERTAINE, CAR J'AI CASSÉ MON THERMOMÈTRE ET J'AI PRIS CELUI DU BAIN !!

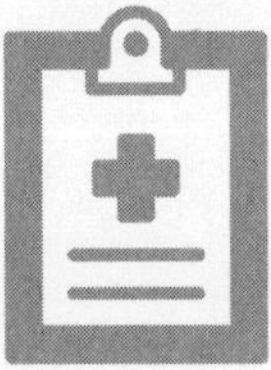

J'AI OUBLIÉ MA CARTE VÉGÉTALE !

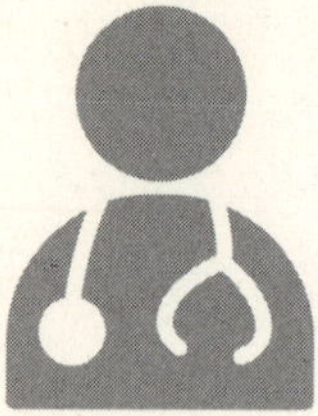

PRESCRIVEZ-MOI DES SUPPOS DÉDUCTIBLES*.

*d'Éductyl®

Le docteur :
– Monsieur, pour votre traitement, vous allez alterner les prises de comprimés : un demi, trois quarts, un demi, trois quarts...

Le patient :
– Un demi, un Ricard, un demi, un Ricard ? Je vais être malade !!

Il faut que vous me fassiez la déclaration de médecin vétéran.

Pour mes problèmes digestifs, vous pouvez me prescrire de l'Obelix* ?

*Bedelix®

J'ai eu une hernie en Guyane*.

*hernie inguinale

DOCTEUR, J'AI URINÉ AVANT DE MONTER DANS LA CHARRETTE DU BLOC...

?!

J'AI LA MALADIE DE HITCHCOK.*

* maladie de Hodgkin

JE SUIS ENRHUMÉ DEPUIS DEUX JOURS, MAIS HIER SOIR, C'ÉTAIT LE COUP DE FOUDRE !

J'AI DES POLYPES MÂLES ET FEMELLES.

APRÈS L'OPÉRATION,
JE SUIS RESTÉ SIX JOURS
EN RUMINATION.

On m'a posé un
holster tensionnel*.

*holter tensionnel

J'AI MANGÉ UN YAOURT QUI ÉTAIT DÉPRIMÉ.

Avant l'opération, j'ai vu l'antésite.

Ma femme
ne va pas bien,
je crois qu'elle fait
une dépression,
elle boit du noir.

C'est grave, docteur, ce virus Hezbollah ?

Docteur, il faut me contrôler car dans la famille il y a eu des tulipes* !

*polypes

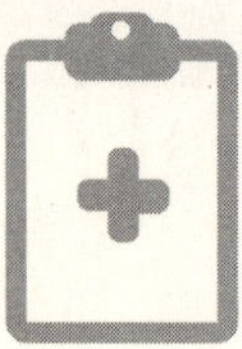

Une patiente pudique qui consulte pour une cystite :

— DOCTEUR, J'AI MAL AU PIPI.

DOCTEUR,
MON CERVEAU
NE CONTRÔLE
PLUS MON ANUS.

J'AI FAIT UN INFARCTUS. J'AI EU QUATRE POINTAGES.

J'ai pris de l'aspirine fluorescente.

LE CHIRURGIEN PLASTICIEN M'A REFAIT LES SEINS, MAIS JE TROUVE QUE J'AI LES ALVÉOLES PAS CENTRÉES.

J'ai une diffusion des douleurs dans les hippocampes.

ON M'A DIT QUE J'AVAIS DES DOULEURS INTERPOSTALES.

Je viens chercher les médicaments pour l'Eisenhower* de ma femme.

*Alzheimer

DOCTEUR, IL FAUT ME FAIRE LA TÉLESCOPIE*.

*coloscopie

J'AI UN SPASME DE LA RECTINE.

J'AI DU MAL À DÉGLUTINER.

J'AI UNE ÉRECTION DE BOUTONS SUR LES BRAS.

Docteur, il me faudrait un certificat pour la pratique de l'aquabique.

**Compte rendu écrit du médecin :
Au toucher rectal, il n'y a pas de sang sur le doigt de pied*.**

*doigtier

MON FILS A ÉTÉ OPÉRÉ D'UNE PÉRONITE.

— Je vois flou, docteur !
— Avez-vous consulté un ophtalmologue ?
— C'est quoi, ça ?
— « Ça », c'est un spécialiste des yeux...
— Ah oui, j'en ai vu un !
— Et que vous a-t-il dit ?
— Que j'avais des bouchons dans les oreilles.
— Vous avez donc dû consulter un oto-rhino-laryngo... Bon, laissez tomber, je vais vous prendre le rendez-vous.

J'AI DES MOLLUSQUES SUR LE SEXE.

Je veux que vous deveniez mon médecin traiteur.

MON FILS A UNE ÉRECTION ALLERGIQUE.

Je vous amène mon fils pour le déculotter*.

*décalotter

NE ME PRESCRIVEZ QUE DES MÉDICAMENTS DE MARQUE ET PAS DE PÉRIPHÉRIQUES.

MON CARDIO M'A DIT QUE JE FAIS DE LA TATICARDIE.

L'ORL M'A RETROUVÉ UNE OTITE CIREUSE.

— DOCTEUR, JE VOUDRAIS DE L'ASPIRINE.
— EFFERVESCENTE OU PAS ?
— EUH... TOUPAS !!

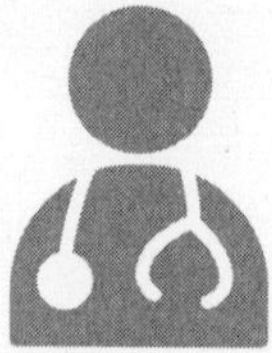

J'ai les pieds plats, il me faut une prescription pour aller chez le pédologue.

MON FRÈRE A FAIT UN COMA HYDRAULIQUE.

Vous pouvez me prescrire des pastilles pour la gorge ? Car depuis que mon mari est mort, je n'ai plus rien à sucer !

La rééducation des Pyrénées* n'a pas marché !!

*du périnée

Un patient qui se plaint d'une paralysie du bras :
– J'ai un nerf astrofié.

J'AI VU LE CARDIOLOGUE, J'AI DES TROUBLES D'URINES*.

*du rythme

DOCTEUR, J'AI DES POLYPES RÉCIDIVISTES !

Une enseignante prévient :

– Docteur, attention, j'ai un colon MGEN.

Pendant mes vacances,
je dois prendre le bateau,
donnez-moi un médicament car
j'ai le mal de nerfs.

J'ai perdu du poids
depuis que je fais
le régime prescrit par...
l'esthéticienne.

IL FAIT CHAUD, DANS VOTRE CABINET, ON SE CROIRAIT DANS UN ZONA.

MON MARI
A TOUJOURS
DES PROBLÈMES,
IL S'EST FAIT
ARRÊTER,
IL ÉTAIT SOUS
L'EMPIRE
DE L'ALCOOL.

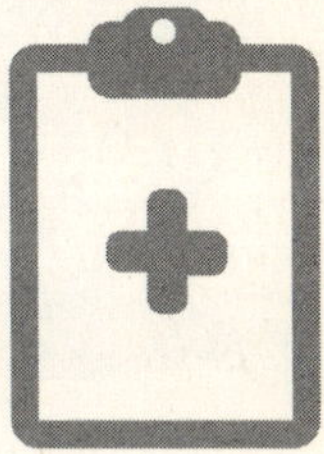

— Madame, je vous prescris un médicament pour cicatriser votre ulcère...
— Docteur, cela ne va pas me faire mal à l'estomac ?

Vous allez faire de la kiné respiratoire.

Ah, oui ! Je connais, c'est du tapping...

Un enfant de 9 ans :
– Je me suis brûlé les pastilles gustatives ?

DOCTEUR, MON MARI EST HOSPITALISÉ AU MOINS JUSQU'À LA FIN DE LA SEMAINE PROCHAINE... JE DOIS FAIRE PASSER L'INFIRMIÈRE DEMAIN ?

Un patient soulagé :
— Je suis allé voir l'urologue qui m'a fait un toucher fiscal, il n'a rien retrouvé d'anormal.

Docteur, sur mon ventre, j'ai des verges dures* !!

*vergetures

MON MÉDECIN TRAITANT NE VOULAIT PAS, MAIS MAINTENANT JE SUIS DÉMOPAUSÉE*.

*ménopausée

J'AI DU MAL À PISSER, JE PENSE QUE C'EST LA PHOSPHATE.

DOCTEUR, IL Y A MON CATÉNAIRE* QUI ME GÈNE

*catétaire

**J'ai très mal
au genou,
je crois qu'il va
falloir me mettre
une potence.**

DOCTEUR, JE VIENS VOUS VOIR PARCE QUE JE CROIS QUE JE CUVE QUELQUE CHOSE...

J'AI UN PROBLÈME AU MOLLUSQUE DU GENOU GAUCHE.

**Mon rhume a débuté
il y a deux jours...
Mais la nuit dernière,
ça m'a pris comme un coup
de trique !!**

Pour ma thyroïde, j'ai fait une sainte graphie*.

*scintigraphie

J'AI BESOIN D'UN CERTIFICAT MERDICAL.

Je suis sourd
et je veux me faire
opérer des oreilles,
envoyez-moi
chez un ornithologue.

**Une patiente qui
a subi une réduction
mammaire :
– Je me suis fait
raccourcir les seins.**

**J'ai mal aux jambes,
j'espère que ce n'est
pas circulatoire :
il y a trois ans,
on m'a déjà récuré
les artères.**

J'AI MAUVAISE HALEINE. PRESCRIVEZ-MOI UN BAIN DE DOUCHE.

**Pour ma conjonctivite,
je dois me laver
les yeux avec du sérum
philosophique.**

JE ME SENS PAS BIEN, J'AI DES MAUSÉES.

DOCTEUR, J'AI DU BALLONNAGE !!

DOCTEUR, JE FAIS DU COLLECTÉROL.

Pour mes hémorroïdes, j'utilise la pommade Protocole*.

*Proctolog®

JE N'AI PAS PU VENIR AU DERNIER RENDEZ-VOUS, MON FILS A EU LA RAVICELLE.

LA SECRÉTAIRE À UN PATIENT
À PROPOS DE L'ASSURANCE MALADIE :
— Vous avez quoi, comme caisse ?

LE PATIENT :
— Euh..., une veille BMW.

— QUE PRENEZ-VOUS COMME
MÉDICAMENTS, MONSIEUR ?
— AH, MOI, J'Y CONNAIS RIEN,
C'EST VOUS, LE DOCTEUR !

J'ai fait une crise d'épilepsie en phase terminale.

Vous pouvez me prescrire des cosmétiques génériques ?

VOUS N'AURIEZ PAS UN LAVEMENT BUVABLE ?

JE SUIS ALLERGIQUE À L'AUGUSTIN*.

*Augmentin®

Mon mari est hospitalisé,
je suis inquiète,
je n'ai pas la confiance
tranquille.

DOCTEUR, C'EST GRAVE, LES DIX PARTICULES* ?

*diverticules

MES DOULEURS AU VENTRE NE PASSENT PAS, IL FAUT QUE VOUS M'ENVOYIEZ CONSULTER UN BON ASTRO-ENTÉROLOGUE.

**Une dame téléphone à son médecin :
— Je dois appliquer la crème pour ma mycose vaginale avant ou après les repas ?**

UNE MÈRE D'UN
JEUNE ENFANT QUI A
UNE VARICELLE :
– IL EST PLEIN DE
BOUTONS AVEC DU JUS.

Un jeune enfant qui monte
sur la table d'examen demande
à son médecin :
– Tu vas me sculpter* ?

*ausculter

J'AI ÉTÉ OPÉRÉ D'UNE HERNIE DISQUETTE.

J'ai un rendez-vous pour une infusion* de l'épaule.

*infiltration

Un patient anglais :
– Je suis un peu stressé, ça doit être l'effet veste blanche !!

LE MEDECIN
– Installez-vous sur le brancard.

LE PATIENT :
– Je vais m'allonger sur la planche ?

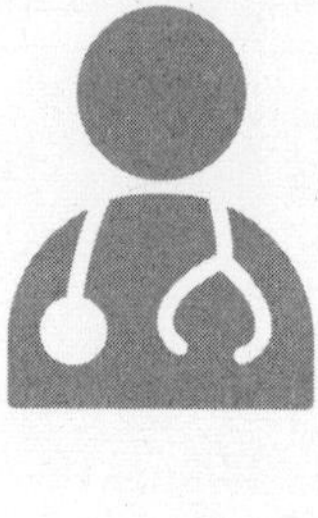

J'AI FAIT LE DÉPISTAGE DU CANCER COLLATÉRAL.

J'ai vu l'ophtalmo hier, il m'a trouvé la surface vitrée rayée.

Le médecin conseille
à Mme Durand de manger lentement
et de bien astiquer*.

*mastiquer

MON FRÈRE A EU L'AORTE DU CŒUR QUI A ÉCLATÉ.

Docteur, j'ai une pesanteur au bas du ventre avec une drôle de sensation... Comme si j'allais pondre !!

Docteur, je ne sais plus à quelle heure j'ai rendez-vous à 11 h demain…

J'ai déjà eu des problèmes de dos, j'avais une artère déplacée !!!

DOCTEUR,
MON MARI A
PASSÉ
UN EXAMEN
D'URINES, ET IL
A ÉCHOUÉ.

DOCTEUR, J'AI UN GENOU HYPERLAXISTE !!

UNE PATIENTE QUI SE PLAINT DE DOULEURS ABDOMINALES :

— J'AIMERAIS AVOIR UNE CHORÉGRAPHIE*.

*échographie

Je suis allé chez le cardiologue, et je dois faire une épreuve de force*.

*épreuve d'effort

J'AI MAL AU DOS JUSQU'À LA ROTULE DE LA HANCHE DROITE.

Un patient se plaint d'acouphènes :
– Écoutez à mon oreille le bruit que j'entends.

IL FAUT QUE JE CONSULTE UN ANGIOLOGUE POUR UNE SCARIFICATION DES VARICES.

JE PÈSE 85 KG ET DES SOUPIÈRES...

J'ai été opéré il y a deux ans d'un cloître tyrolien.

Docteur, l'autre jour chez le cardiologue, j'avais de la tension, mais c'est connu : c'est l'effet boule blanche.

Il me faudrait une crème, euh comment ça s'appelle déjà ?... Euh si, si, une crème à connotation sexuelle... Ah oui, de la Vaseline.

Docteur, j'ai bien suivi le traitement, j'ai arrêté d'appliquer la crème sur le sexe, ça me donnait un goût dans la bouche.

LE MÉDECIN :
— AVEC CELA, VOUS ALLEZ REDÉMARRER.

UA 4116

Imprimé en Europe
ISBN : 978 2 36075 417 5
Dépôt légal : à parution